NHK WORLD RADIO JAPAN 80th since 1935

日本への ラブレター

世界から届いた5000通のメッセージ

NHKワールド・ラジオ日本

あさ出版

VIA AIR MAIL

PAR AVION
VIA AIR MAIL

はじめに

みなさんは、大切な人から「忘れられない手紙」「ラブレター」を受け取った経験をお持ちではないでしょうか。

私たち「ラジオ日本《にっぽん》（ラジオジャパン）」にも、世界中の人々から、日々、大切な手紙が届きます。

「ラジオ日本」は、ＮＨＫの中にあるラジオ国際放送のことで、正しくは「ＮＨＫワールド・ラジオ日本」といいます。日本語、英語、中国語、アラビア語など、18の言語で、ニュースや番組を、ラジオとインターネットで東京から世界中に発信しています。

そんな私たちの元に〝ラブレター〟が届き始めたのは、２０１１年３月、東日本大震災が起きた時でした。

英語、フランス語、インドネシア語、ヒンディー語、スワヒリ語、ロシア語……。様々な言語、様々な国や地域から、続々と手紙、メール、時には絵だったり、作品だったりが「ラジオ日本」に送られてくるようになったのです。

「復興に向けてがんばるみなさんの姿は、私の励みになっています」

「私はやっぱり日本が好きです」等々。

その数は、５０００通を超えています。


かつて大地震を経験したチリやペルーからの見舞いや励ましのメールや手紙は、１か月で１０００通を超えました。

インドネシアやタイ、インド、バングラデシュなどといったアジアの国々、中東、アフリカからも多くのメッセージが届きました。

紛争が絶えない地域で学ぶ子どもたちからのものもありました。

その一通一通に、心から日本を心配する気持ち、困難の中でも慌てない日本人の行動に対する尊敬の念、亡くなった多くの方々への哀悼……日本を想う温かな気持ちが込められていました。

発生直後から、震災の様子や復興に向けての様子を放送し続けていた私たちへのメッセージ、番組への感想もありました。

世界中のリスナーからいただいた励ましのメッセージに、私たちは日本が世界の隅々までつながっていることを肌で感じたのです。

同時に、日本と世界との関わり方、隣人たちとの付き合い方、地球人としての生き方など、多くのことを考えさせられました。


東日本大震災からまもなく4年。

この間、「NHKワールド・ラジオ日本」は、被災地の復興の様子やその後を、ニュースや特集番組などで伝えてきました。

また、いただいたメッセージは、被災された東北の方々に向け、放送やイベント等を通じ、日本語に訳して届けてきました。

一方で、東北のみなさまからいただいた「世界がこんなに東北を想ってくれて感激した」などのメッセージを、世界中のリスナーに届けることもしてきました。

２０１５年は、国際放送開始80年という年でもあります。
国際放送局には、大勢の外国人の同僚がいます。職員、スタッフがお互いに文化の違いや多様性を理解しあい、協力しながら、放送に携わる私たちの使命や責任を果たしていきたいと思います。

このたび、これら５０００通のメッセージをもとに、一冊の本を出版し、多くの方に読んでいただく機会を与えていただきました。
この本を手に取ってくださったみなさま、海外の方々の温かな心に触れ、しばし、やさしい気持ちを味わっていただければ幸いです。

２０１５年２月

ＮＨＫ国際放送局長　根本　佳則

Message from the world 2011.3.11~

Contents

※本書に掲載しているメッセージはNHKワールド・ラジオ日本に寄せられた、手紙、メール等を翻訳したものです。なお、掲載するにあたり、補足、編集等しております。

世界からのメッセージ Ⅰ

from エジプト

震災のニュースを聴いては、日々、心を痛め、お悔やみと悲しみの気持ちを犠牲者や行方不明者の方々に対して感じています。ただ、このような不幸な出来事を通して、日本人の真実の姿が見えてきました。

先日、ラジオ日本の特別番組で、被災地で協力しあう人々、支援する人々、そして、一体となって生きている人々の様子を伝えてくれました。それを聴いて、日本人の強さ、たくましさは、世界の素晴らしいお手本となっていると感じました。

今、日本への尊敬の念は高まっています。

逆境の中、助けあい、団結し、生活を続けるみなさんを、世界中が応援しています。

from フランス

私は日本が大好きです。
私は72歳ですが、50キロの荷物を運ぶことができます。
いつでもお役に立てます。
見返りはいりません。
旅費もいりません。
24時間働きます。

from フランス

8歳の男の子の言葉をママが代筆

僕は遠く離れた国にいて、まだ小さいので、今は何もできません。
でも、大きくなったら、みなさんを助けたいです。
ママも助けに行きたいと言っています。
僕のおもちゃも送ってあげたいです。
みなさん、どうかがんばってください。

from チリ

この大震災を耐え抜いている日本国民に敬意を表したいです。
チリにいる私たちも、1年前に大きな地震を体験しました（※）。
そのことを思い出し、深く心を動かされました。
被災者の方々の苦しみが早く癒《い》えることを祈っています。

※2010年2月に起きた大地震。マグニチュード8・8。世界最大級の規模で、大きな被害が出た。チリでは、高さ2メートルを超える津波が観測された。

from アルゼンチン

日本のみなさん、お見舞い申しあげます。
地震などの災害が起きたとき、日本はいつも最初に援助してくれました。
私たちは決して、そんなみなさんのことを忘れません。

from ロシア

私は漁師です。

今回被害にあった場所をよく知っています。

石巻《いしのまき》には秋の台風から逃れるために停泊しましたし、気仙沼《けせんぬま》、鹿《か》島《しま》にも寄港したことがあります(※)。

亡くなった方々、その家族に心からのお悔やみを申しあげます。

※いずれも日本の漁港。石巻港、気仙沼港は宮城県、鹿島港は茨城県にある。

from 中国

巨大な地震と津波によって、人々の生命や財産があっという間に失われる様子をテレビで見て、私はどうすればいいかわからないほど、つらい気持ちになりました。

中国も以前、地震で大きな被害を受けたことがあるので、日本のみなさんの悲しみが自分のことのように感じられます。

テレビで被災者の方々が非常に落ち着いて被害を受け止め、余震の中で秩序正しく行動されているのを見て、心から感動しました。

長年にわたって地震と向き合ってきた経験、そしてしっかりした社会の仕組みがあることの何よりの証明だと思います。

日本人は、必ず今回の災難を克服するでしょう。

いかなる災難であっても日本国民を打ち負かすことはできないと信じています。

中国には「受人滴水之恩、当以湧泉相報」という言葉があります(※)。

中国で地震があった時、日本が数々の援助をしてくれたことを、中国人民は忘れてはいません。

ごく平凡な中国の一市民である私には、実質的な手助けは何もできません。

でも、心の中で日本のみなさんのために祈りを捧げ、みなさんが一日も早く困難から脱して平穏な生活が戻ってくるよう、願ってやみません。

※中国の諺《ことわざ》。一滴の水のような恩にも、湧き出る泉のような大きさで報いるべし。つまり、困った時に助けてもらったことは、決して忘れず、最大限に恩返しすることという意味。

from タイ

タイにいる私に、できることは多くないかもしれません。
それでも、力になり、被災者の方々が今後闘っていく支えになりたいと思っています。
まずは、私がお金を寄付することのできる銀行口座の番号を教えてください。

from ウルグアイ

遠く離れているために、救援に駆けつけることができず申し訳なく思っています。

親愛なる日本のみなさんへの応援と、事態が収束に向かうことを、気持ちを込めて祈っています。

日本のみなさんの規律正しさ、自衛隊、消防士、警察、ボランティア、その他のみなさんの英雄的行為、職業意識の高さにより、日本は立ち直ると信じています。

from バングラデシュ

私は宮城県多賀城《たがじょう》市で津波にあいました。かろうじて難を逃れ、オフィスで夜を明かし、自衛隊に救出されました。仙台市の避難所に移動し、2日間滞在しました。

日本人はとても強いですね。

私は避難所で、災害に襲われた人たちが互いに励ましあい、協力しあう姿を見ました。

ほかの人の迷惑にならないように心がけ、食べ物もみんなに行き渡るように分けあい、私たち外国人にも気遣いをしてくれました。

日本語があまりわからない留学生もいたのですが、大学の教授たちが彼らに話しかけ、細かく世話をしてくださいました。

これほどの大災害のさなかに、こんなにも人間らしい姿を見ることができるなんて、思ってもみませんでした。

こんな素晴らしい人たちが立ち直れないはずはありません。

日本の人たちは必ず立ち直る。私は、そう確信しています。

from イラン

日本で発生した地震に、私も家族も悲嘆にくれています。

私たちは、被災された4~5家族の方々を受け入れる準備があります。

被災された方々に伝えてください。

from ケニア

14歳の男の子

大きな災害が起きたと聴き、とても心配しています。

これまで、日本の心やさしい方々が僕たちの学校、マゴソスクール(※)を続けていくために、寄付をしてくださいました。

今度は僕が、日本のみなさんのために、この災害を鎮《しず》め、二度と起こらないようにしてくださいと、神様に祈ります。

みなさんが決してあきらめず、強い心を取り戻せるように、神様に祈ります。

そして、失ったたくさんの大切なものが、再びみなさんの人生に戻ってくるよう、神様に祈ります。

※ケニアの最大のスラム「キベラ地区」にあり、親を亡くしたり、虐待を受けて保護されたりした、およそ500人の子どもたちが学んでいる学校のこと。設立に日本人が関わっていたことから、日本との交流も盛んで、東日本大震災の時、ニュースを聴いた子どもたちは心を痛め、メッセージを寄せてくれた。

from パキスタン

日本の地震と津波のニュースを聴いて、とても衝撃を受け、心配しております。

多くの人が命を失い、ケガをし、困難に直面していると聞きました。

パキスタン全土が、〝兄弟〟である日本の繁栄を祈っております。

私たちの政府と国家は、助けが必要な時に一緒にいます。

神様が、あなたがた全員を祝福してくれますように。

from イラク

私や私の友人たちは、被災者の支援と日本の復興のために寄付をしたいと思っています。

それがイラクの復興を支援してくれた友人である日本の方々へ、私たちができる最低限のお返しだと思うからです。

これまで何度も、日本がイラクに対してしてくれた誠実な人道的支援を目にしてきました。

今度は私たちが日本を支援するために、寄付の方法を教えてくださるとうれしいです。

from ブラジル

私の親は、福島県からブラジルに移住した日系一世です。
ニュースを聴いて以降、とても悲しい気持ちでいっぱいですが、
なるべく前向きに考えるようにしています。
それぞれの場所でがんばっている人々の勇気と献身的な働きに、
私たちは感動し、私は日本人であることを誇りに思います。
逃げ出してもおかしくないのに。
きちんと食事は摂《と》れているのでしょうか？
少しは眠れているでしょうか？
みなさんの健闘を祈っています。

from アルゼンチン

普通、友達に手紙を書こうとするのは、友達にいいことがあったときや思い出すのにふさわしいことがあったときですが、今日は大変な状況にある日本に寄り添うためにペンをとりました。

私の声が被災者のみなさまに届くことを願ってやみません。

復興に向けてがんばっている方々、決して一人ぼっちではないことを忘れないでください。

日本は、第二次世界大戦以降、もっとも困難な試練に立ち向かっています。

日本人は今までに何度も厳しい局面を乗り越えてきました。

そして今回も、あなた方はモラルや職責の面で優れた素養があることを示しました。

被災者や犠牲者のことを決して忘れることはありません。日本が近い将来、必ず復興するものと信じています。

これからも毎朝欠かさず、ラジオ日本を通じて、日本の様子を聴き、祈りを送り続けます。

気力と自信を失わないでください。

from イラン

地震があなたの国を破壊したこと、本当に気の毒に感じています。
私は麻酔科医で、妻は看護師です。
いつでもみなさんのお力になります。

from 韓国

私たち韓国人にとって、日本という国は、様々な歴史によって「近くて遠い国」という認識があることは事実です。

しかし、あまりにも大きい災難に直面した日本の状況を見て、私は自分たちの国、民族が被災したかのように、悲しい思いになりました。憂鬱《ゆううつ》で心が痛みました。

韓国で日本のための募金や寄付活動が行われるとしたら、必ず参加します。

私どもができる物質的な支援が、どれだけの効果をあげることができるかはわかりません。

でも、日本の一日も早い再建を心から祈りながら、どのようなことでも応援していきます。

from ベネズエラ

絶対に忘れません。
忘れることなどできないでしょう。
みなさんの心に寄り添い、励ましの言葉を送ります。
今、私たちの身体は遠く離れていますが、心はとても近くにいるのです。

from インドネシア

地震と津波の犠牲となった方にお悔やみ申しあげます。
これまで多くのことを日本から学びました。
日本はいわば、私の両親のような存在。
今、とても大切な人を失ったような気がしています。

アタシハ　イツモ　ココデ　イノッテ　イルカラ（カタカナ。原文どおり）

私には、祈りを日本に送ることしかできません。
だから、日本の復興を祈り続けています。
日本のみなさんにとって、明日が今日より、よい日でありますように。
立ち上がれ、日本！

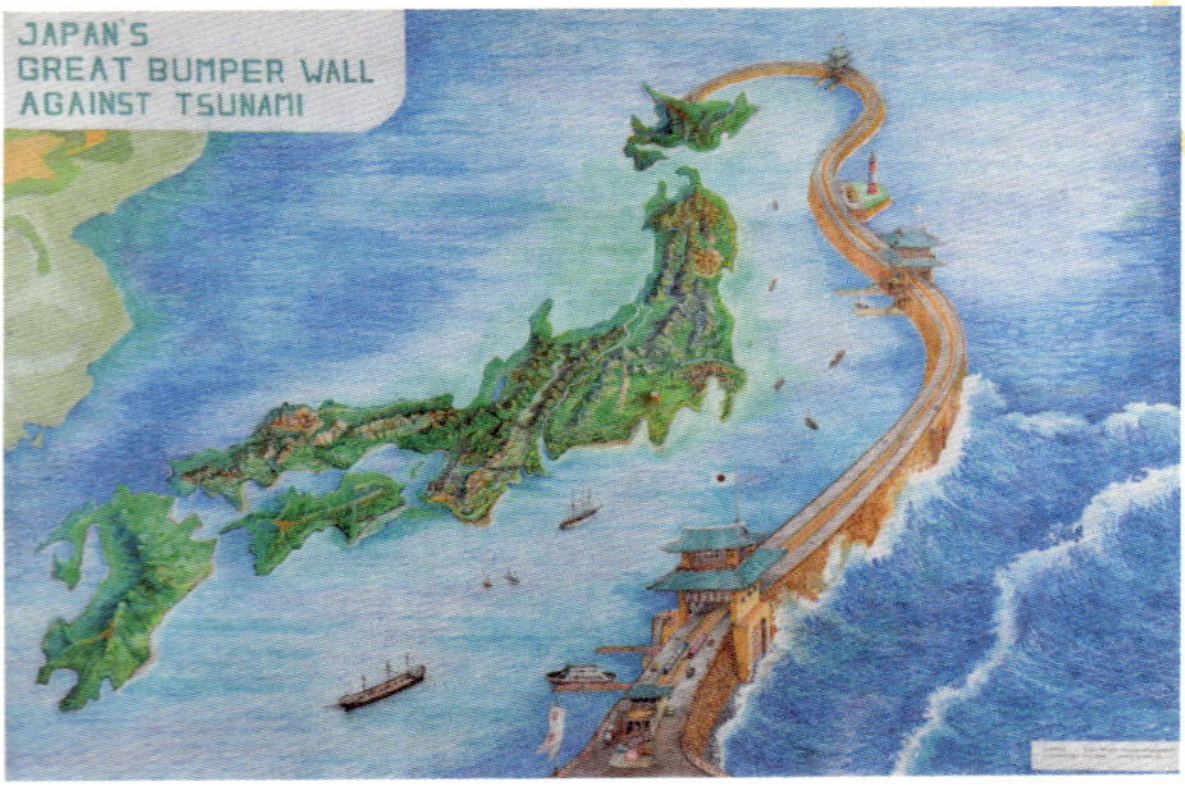

中国系インドネシア人のリスナーからは、太平洋に万里の長城が連なる日本地図のイラスト。

「万里の長城が日本を津波から守ります」

というメッセージが添えられています。

イラクからはカラフルな日本地図が届きました。

周囲の海には真っ白な鶴が飛び交い、太平洋には太陽が描かれ、福島県の位置には小さなハートマーク。

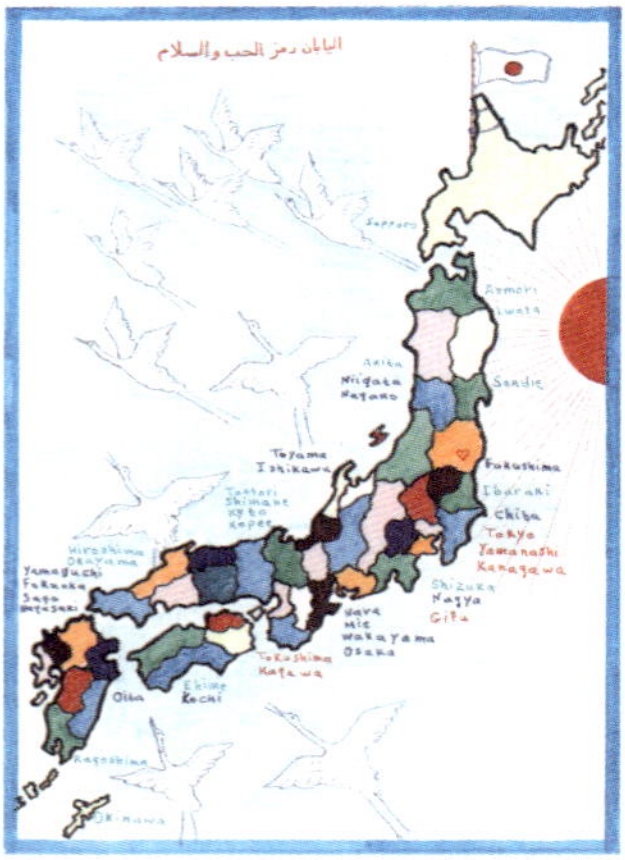

そこには、アラビア語で、

「日本は愛と平和の象徴です」

と書かれています。

地図を送ってきてくれたリスナーに、アラビア語班のディレクターが電話をしたところ、

「福島の位置を正確に知りたいと思って地図を描きました。福島の人たちのことを心から想っ

Column 1
世界から届いた様々な形のメッセージ

by　ラジオ日本ディレクター

「はじめに」でも紹介しましたが、ラジオ日本（ラジオジャパン）には、世界中のリスナーからたくさんのメッセージが届きました。

その多くは、手紙（エアメール）やＥメールだったのですが、イラストや写真、作品などもありました。

郵便や宅配便が届くたびに、私たちスタッフは、ドキドキワクワクしたものです。

パキスタンからは、親日家のグループが「ニッポン　ガンバレ」の横断幕を持って、カラチの街を行進したという写真。

「デビーさんと息子のロビーさん」

彼女は、ラジオ日本の放送を通じて、日本には、願いを込めて鶴を折る文化があることを知ったそうです。

「3.11 以降、番組を聴き、日本に思いを馳せているうちに、いつしか被災地の子どもたちと息子が重なっていました。

現在は、被災地の子どもたちのことを思いながら、鶴を折っています。

息子のために折った鶴と一緒にお送りします。

私が心に刻み、座右の銘にしている古いラテン語の諺を贈ります。

『生きている限り、希望はそこにある』

どうぞお元気でいてください。

ありがとう。　　　　　　　　　　　デビーより」

彼女から送られた折り鶴は、2013 年２月に開催した東北大学での震災復興イベントで、海外リスナーから届いたたくさんのメッセージやイラストなどと共に展示しました。

これまで取材させていただいた被災者の方々に見ていただくことができました。

ています」

　と話してくれたそうです。


　イギリス人の女性リスナーからは、何百という折り鶴が届きました。日本的な千代紙で作ったものもあれば、白い紙にピンクや緑など色彩ペンで模様を施したものもあり、とてもキレイです。

　折り鶴には手紙が添えられていました。

　そこには、彼女の息子さんは難病を患い、入退院を繰り返していることが書かれていました。


「息子の毎日は暗いものでした。反応もほとんどなかったのですが、私が鶴を折ると、かすかに笑顔を見せてくれました。息子の病気が治りますように、強くなれますように、幸せが訪れますようにと祈りながら、毎日、鶴を折り続けました。」

「たくさんの鶴をありがとう」

「海の向こうの方と同じ母親として共感しあえたことに感動しました」

　などと、とても喜ばれていました。


　歌の動画もいただきました。

　フィリピンの学校の先生、アメリカの女の子など、各地からＮＨＫの復興支援ソング『花は咲く(※)』を歌ったビデオが届いたのです。

　ミャンマーのある女子中学生は、『上を向いて歩こう』を歌った映像を送ってくれました。この歌は、ミャンマーでも多くの人々に知られ、前向きな歌として愛されています。

　ミャンマーは2010年にサイクロン（暴風）に襲われ、8万人が家を失うなど多くの人々が避難生活を強いられました。その時に、避難所で『上を向いて歩こう』を歌って励ましあったというエピソードが添えられていました。


　世界各地から届いた私たち日本人へのプレゼント。

　その一つひとつに、心が込められています。

※ NHKが行っている震災支援プロジェクト「NHK東日本大震災プロジェクト」のテーマソング。作詞は岩井俊二氏、作曲は菅野よう子氏。2人とも宮城県仙台市出身。
この楽曲の著作権料すべてが義援金として被災地へ届けられた。

世界からの
メッセージ
Ⅱ

from バングラデシュ

私が言いたいのはこれだけです。
私の大好きな日本人のみなさん、あきらめないで。
すべての日本の人々に笑顔が戻りますように。

from タンザニア

親愛なる日本のみなさんへ
勇気を持ってください。

今回起きたことは、神の仕業《しわざ》でも誰の仕業でもありません。

3・11に日本のみなさんが体験されたつらさに、私たちタンザニア国民は寄り添い、痛みを分かちあいたいと願っています。

人種や宗教や思想を超えて一つとなるとき。

震災から復活することを願い、幸運と愛を送ります。

私たちは、日本のみなさんと共にいます。

from パキスタン

災害は自然の力によるもので、止めることは不可能です。

しかし、災害の後、国の復興のために活動する人は、真のヒーローです。

日本のみなさんが、津波にいかに強く立ち向かい、復興に向けて取り組んでいるか、世界は見ています。

そして、日本の復興を応援しています。

Message from the world 2011.3.11〜 II

from ミャンマー

津波被災者のインタビューを聴いて、とても悲しい気持ちになり、涙が止まらなくなりました。

被災地が一刻も早く復興することを心から祈っています。

from ブラジル

この悲劇が、私たちすべての人にとって、様々な分野のあらゆる能力や才能を啓発し、地球とそこに暮らす人々を守るための教訓となり、一つのスタートとなりますように。

アニメ、マンガの一ファンとしてだけでなく、みなさんを応援している、ブラジル人の一人として、このメッセージを送ります。

神のご加護がありますように。

from アメリカ

被災者のみなさまへ、精一杯の支えと団結のメッセージを送ります。

テキサスは日本から遠いですが、地震による困難と不安はよく知っています。

私が生まれた国、エルサルバドルは、日本のように地震が多くあります。

小さい頃、大きな地震を経験しました。その時、私たちが前進できたのは、団結し、一丸となったからでした。

日本は強くて、勇気のある国なので、この苦難をきっと乗り越えられると信じています。

がんばれ、日本。

私の心はいつも、あなたたちのそばにいます。

from カメルーン

カメルーンの大学3年生です。

私は、今回の震災を通して、日本人が成熟していることに心を打たれました。

ひどい災害が起きたあとは、えてして次の三つの事態が起きるものです。

泥棒、コレラ（衛生状態の悪化）、火事。

なのに日本では、みなさんの道徳心によりこれらを防ぐことができています。

素晴らしいことです。

日本の諺《ことわざ》に「七転《ころ》び八起き」というものがありますね。日本のみなさんは、間違いなく、精神的にも経済的にも立ち上がる力を持っています。

このメッセージが、みなさんにとって、より多くの励ましとなりますように。
あなた方は一人ではありません。
世界中がこの困難な時期にあなた方と共にあります。
いつもみなさんのことを考えています。
日本の復活を祈っています。

from ウクライナ※

震災のことをニュースで知り、私たち家族は、とても大きなショックを受けました。
今も、ニュースを見聞きするたびに、泣きそうなほど悲しい気持ちになります。
でも、日本のみなさん、どうかあきらめないでください。
きっと、ことはよい方向へ進みます。
心から日本のみなさんの無事とご多幸を祈っています。

※ウクライナでは、親欧米の暫定政権と親ロシア派が対立し、２０１４年には軍事衝突が起きた。今も緊張状態が続く中、「地下シェルターでラジオ日本を聴いています」というメールが届いている。

from イラク

イラク国民の戦後の苦しみは依然、続いていますが、今、私の住むこの街で、通りすがりに交わされる話は、日本での大地震と、この窮状《きゅうじょう》を乗り越えようとする人々の活動についてです。

私の友人たちは、東北を襲った地震の犠牲者の魂のために、40日間、喪に服すことを決めました。

あなた方日本人を想う気持ちは一つです。

from インドネシア

14歳の男の子がお父さんの言葉を代筆

津波被災者の方たちへ、私の父からのメッセージをお伝えします。

「震災によって、みなさん、これ以上ないほど落ち込んでいるかもしれません。

家族、子ども、両親を亡くした方は、なおさらでしょう。

でもあなた方には、まだ家族がいます。

それは、遠い地であなた方のことを想っている人たちのことです。

人生に向き合うとき、心を強く、前向きに持ち、屈しないでください。

日本の侍の心を持ってください。

インドネシアを含め、世界中が、日本人は強く、賢く、そして簡単にあきらめないことを知っています。そして、信じています。

我々も以前、災害を経験しました。

ジャワ島東部で大量の泥が噴出したのです。それによって、私たちは家や仕事、家族としての未来を失いました。精神的にとてもつらかったですが、私たちを強くもしてくれました。

そして今、私たちは立ち直ることができています。

この悲劇の中、息子を大学にやることもできました。

私は息子には、日本人のように賢くあってほしかった。だから、努力したのです。

ですからみなさんも、どうかあきらめないでください。

再び、立ち上がってください。」

from エジプト

世界があなた方を忘れてしまうのではないかなんて、心配しないでください。

数年後、世界はあなた方を見て言うのです。

「見てごらん。日本はあの震災をこんな風に克服し、世界を驚かせたんだ」と。

あの震災が日本以外の国で起きていたら、立ち直ることができたかどうかわかりません。

でも、日本の人々は大丈夫だと信じています。

より強く立ち上がると信じています。

どうか、自信を持ってください。

from チリ

日本はきっと復活することができるはずです。
それぞれの場所で闘っている英雄たちを応援しています。
ガンバッテ、ニッポン。

from イギリス

私が心に刻み、座右の銘にしている古いラテン語の諺を贈ります。

「生きている限り、希望はそこにある」

みなさん、お元気でいてください。

from ブラジル

3月11日は、震災の悲劇を思い出すだけの日ではありません。ブラジルをはじめ世界中の国々が、日本と共にあるという気持ちを思い出す日、祈りを通じて苦境にある日本、そして被災地のすべての人々を支える日にしたいです。

被災地が、エネルギーの面でも、人の暮らしや自然環境の面でも、未来のモデル都市になりますように。

from スペイン

日本のみなさま、被災地のみなさまへ

世界中の人々が、東日本で起きたような災害が二度と起きないことを切に願っていますが、私たち人間は、自然に逆らうことができないのも事実です。

しかし、日本が世界に見せたように、自然と共存し、どのように災害に対処していくのかを学ぶことは可能です。

団結すること、近隣の人々と知り合うこと、緊急時にはどのように行動すればよいか想定しておくこと、周りのことを考えること。まさに、「備《そな》えあれば憂《うれ》いなし」という言葉のとおりです。

日本はこの大きな傷跡を、強い心を持って乗り越え、社会は経験を活かし、災害が引き起こす問題を軽減することができるでしょう。

倒れては起き上がり、躓《つまず》いては起き上がり、決して問題に背を向けてはいけません。

震災後、物資を購入するために長い列で辛抱強く待っていた人々の姿に、今もなお、私は感動しています。

電気製品やマンガだけでなく、こういった日本人の謙虚な姿勢も、世界に広まってくれることを望みます。


実際に被災地を訪れ、ボランティア活動を通じ、被災者の力になりたかったのですが、残念ながらそれは叶いませんでした。

そこで、早急な復興への祈りを込めて、友人を集め、経済的に支援できればと義援金を送りました。

被災地の方々へ、エールを送ります。がんばれ!!

from ベトナム

先日のラジオ日本の特別番組において、被災者の方から、嘆きやため息は聞かれませんでした。

「心配するな。私たちは大丈夫。冷静に、日々の暮らしと仕事を続けている。私たちは大丈夫だ」

と語りかけてくれているようでした。

番組に登場された方が、日本人であることに誇りを持ち、そして〝社会のため、周囲の人々のために〟という思いで、日々、行動されていること、自分や家族ではなく、コミュニティの利益を優先する、その考え方と姿勢に、とても感動しました。

いつの日か日本に行き、番組に登場された方にお会いしたいです。

最後にみなさまのご健勝と、将来の希望が実現できるようにお祈りしています。

from インドネシア

２００６年5月27日にジョグジャカルタで起きた地震を経験しました(※)。

このとき、日本からたくさんの支援をもらいました。心から感謝しています。

おかげで生活を立て直すことができました。

家は失いましたが、今では元の家からそう遠くない避難所の近くに住むことができています。

現在、みなさんが経験していることは、やがて過去になります。未来を築く礎《いしずえ》に、貴重な経験、力にしてください。

私たちができたように、日本のみなさんも大丈夫です。

がんばって。

※ジャワ島中部地震のこと。マグニチュード6・3。

from ミャンマー

大震災により命を落とした方々や被災した方々のことを想うと、とても悲しくなります。

いち早く復興し、普段の生活に戻れることを心から祈っています。

Message from the world 2011.3.11〜 II

from インドネシア

どんな困難にも必ず解決策がある。

私は、いつもそう信じています。

どんなに困難が大きくても、私たちの力はそれを乗り越えられないほど小さくはないからです。

「一つの不幸の中には、二つの幸せが隠れている」と、私の国ではいいます。

信じてください。

よりよい明日を目指すことができると。

インドネシアの友より心を込めて

from フランス

２０１１年３月11日、私は自分の無力さを感じました。

しかし、日本の人々は、震災後すぐ、胸に痛みを抱えながら、各々のやり方で国を支えました。

こんな状況にありながら、節度ある対応を取る日本の人々に感銘を受けました。

日本人に宿る責任感、さらには、現代では忘れられがちな助け合いの大切さを理解し、実行しているその姿にも敬服しています。

助け合いなしに、未来はありません。

そう、私たちはみんな一緒に、未来に向かって前進できるのです。

みなさんの努力を見て、前に向かって進む勇気をもらっています。

もっと日本のことが知りたい。

だから、いつか日本に行けたらいいなと思います。

from ベラルーシ

心の傷が早く癒えますように。
なんとか残った松の種は、将来大きな森となることでしょう。
生きるのです。
次の世代へとバトンを渡すために――。

てくれたのです。


「愛する日本での出来事を聴いてから、私は笑えなくなりました。勉強が手につかず、毎日寝る前に泣いています」

「エジプトから地震で亡くなった方、大事な人を失った方すべてに、お悔やみの気持ちを送ります」


日を追うごとにメッセージは増えていきました。

エジプト、イラク、チュニジア、アルジェリア……。子どもからお年寄りまで、たくさんの人たちの温かい心が、ラジオ日本に寄せられたのです。

サリームさんもそうしたメッセージを送ってくれた一人です。

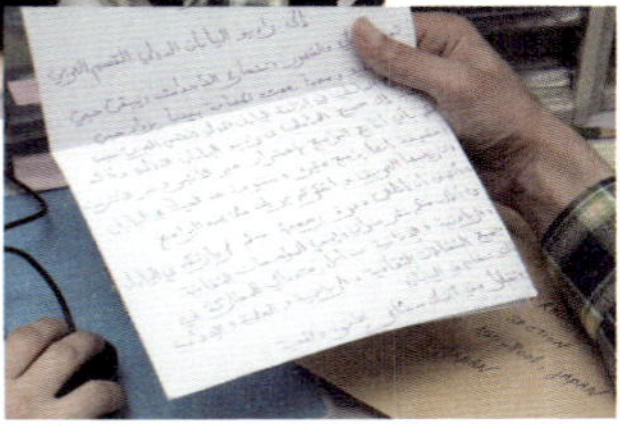

Column 2
2011年に起きていた、もうひとつの物語

by　ラジオ日本ディレクター

中東地域に向けて、東日本大震災の第一報が放送されたのは午後4時の緊急ニュースの中でした。放送が終わるや否や、ニュースを聴いた中東各地のリスナーから、次から次へとメッセージが届き始めました。


「日本国民に哀悼の意を捧げたいです」

「日本を支援するため寄付の方法を教えてくださるとうれしいです」


何もできないことを詫びる人、日本のことを想うと涙が止まらないというメールもありました。

私たちは、このことをとてもうれしく感じると共に、とても驚きました。

なぜならこの時、中東地域は決しておだやかな状況ではなかったからです。


東日本大震災の直前から、中東地域では、いわゆる「アラブの春」と呼ばれる政変が始まっていました。

2010年12月にチュニジアで始まった反政府デモが、中東各地に広まり、震災の1か月前、2011年2月11日にはエジプトでムバラク政権が退陣に追い込まれました。多くの死者や難民も出ていました。

そんな状況であるにもかかわらず、日本のことを想い、少しでも力になりたい、励ましたいと、メッセージを送っ

サリーム先生と児童たち。
みんなで“日本大好き”など、
日本への想いをイラストに
描いてくれた。

ラジオ日本では、震災以降、毎日、被災状況や人々の避難生活など、被災地の様子を緊急体制で世界に向けて伝え続けていました。

子どもたちの質問に答えてあげたいと思いながらも、私たちスタッフは日々の対応で余裕がなく、返信ができないまま時間は過ぎていきました。

1か月ほどたった頃でしょうか。

被災地のいくつかの街で学校が再開したというニュースが飛び込んできました。

さっそく、アラビア語ニュースでも伝えると、サリーム先生から再び、メールが届きました。

「今日、ニュースで被災地の学校が再開したと聴きました。以前、『被災地の子どもたちは学校に行けているのか』と

サリームさんはイラクの小学校の先生で、20年ほど前からラジオ日本のアラビア語放送を聴いてくれている古参リスナーです。

フセイン政権下で、海外の報道を聴くことが禁止されていた時代から、当局の監視の目を逃れてこっそりとラジオ日本を聴いてくれていました。

当時、教材が十分になかったため、ラジオ日本のテクノロジーや伝統文化に関する番組を生徒たちに聴かせて授業をしたこともあったと、以前お話ししてくださいました。

教え子たちの間では、日本のことをよく知っている先生として評判だそうです。

2011年3月11日、この日もいつものようにラジオ日本のニュースを聴いていたサリーム先生は、すぐに自分が担任をしているクラスの子どもたちに、日本で大きな地震と津波が起きたことを伝えました。

子どもたちは、話を聞くなり、尋ねたといいます。

その時のことを、サリーム先生はメールで教えてくれました。

「1年生のクラスで、日本の地震について話をしました。
生徒の一人が私に尋ねました。
『被災地の子どもたちは、今、学校に行けているの？』と。
実際、どのような状況なのでしょうか」

インターネットの翻訳ソフトを使って書かれたらしい日本語は、少し不思議なものもありましたが、彼らのやさしさ、温かさは十分に伝わってきます。

今、イラクは、過激なグループの台頭により、情勢がますます混迷を深めています。

被災地の学校再開を自分のことのように喜んでくれた子どもたちはどんな思いでいるのでしょうか。

明日すべてがよ
り美しくなり
ます。

「明日、すべてがより美しくなります。」

必要時の
笑顔をし
てください。

「必要時の笑顔をしてください。」

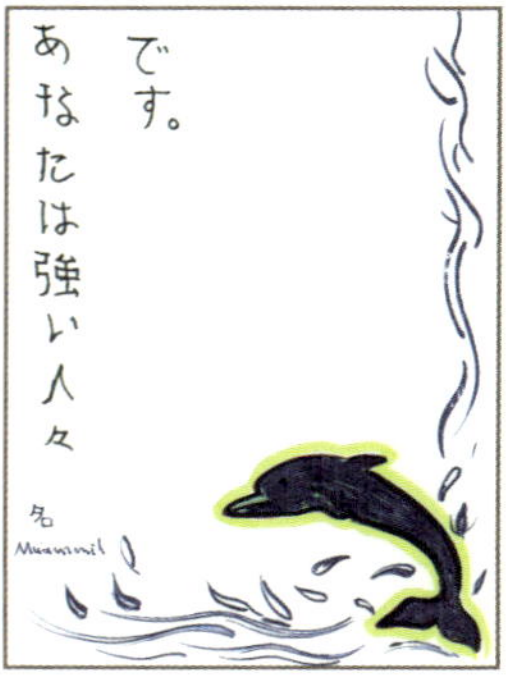
あなたは強い人々
です。

「あなたは強い人々です。」

尋ねてきた生徒がいたので、すぐに伝えました。それを聞いた子どもたちは大喜びしました。そして、勉強に熱が入るようになったんですよ」


サリーム先生と生徒さんたちは、あの日からずっと、被災地の子どもたちのことを気にかけてくれていたのです。

なぜ、こんなにも学校のことを気にかけてくれたのか。それには理由がありました。


実は、サリーム先生の勤める学校は、2003年に起こったイラク戦争のとき、近くに落ちた爆弾の影響で校舎の一部が崩れてしまいました。

しばらくの間、生徒たちを運動場に集めて青空の下で授業をしていたそうです。

2001年にアメリカで起きた同時多発テロ事件の後、イラクに大量破壊兵器があるとして戦争が始まり、国内の治安は悪化しました。経済制裁も行われたため、医薬品が十分に入らず、病気の治療ができない子どもたちもたくさんいました。

そんな歴史を持つからこそ、イラクの子どもたちは、被災地の学校が再開したことを、自分のことのように拍手喝《かっ》采《さい》で喜んでくれたのです。

厳しい時代を生きるイラクの子どもたちのやさしさでした。

その後もサリーム先生と子どもたちは、日本を応援する絵やメッセージをイラクから数度、送ってきてくれました。

あの時、質問してくれた生徒たちは４年生になったそうです。

イラクの子どもたちの無事を祈らずにはいられません。

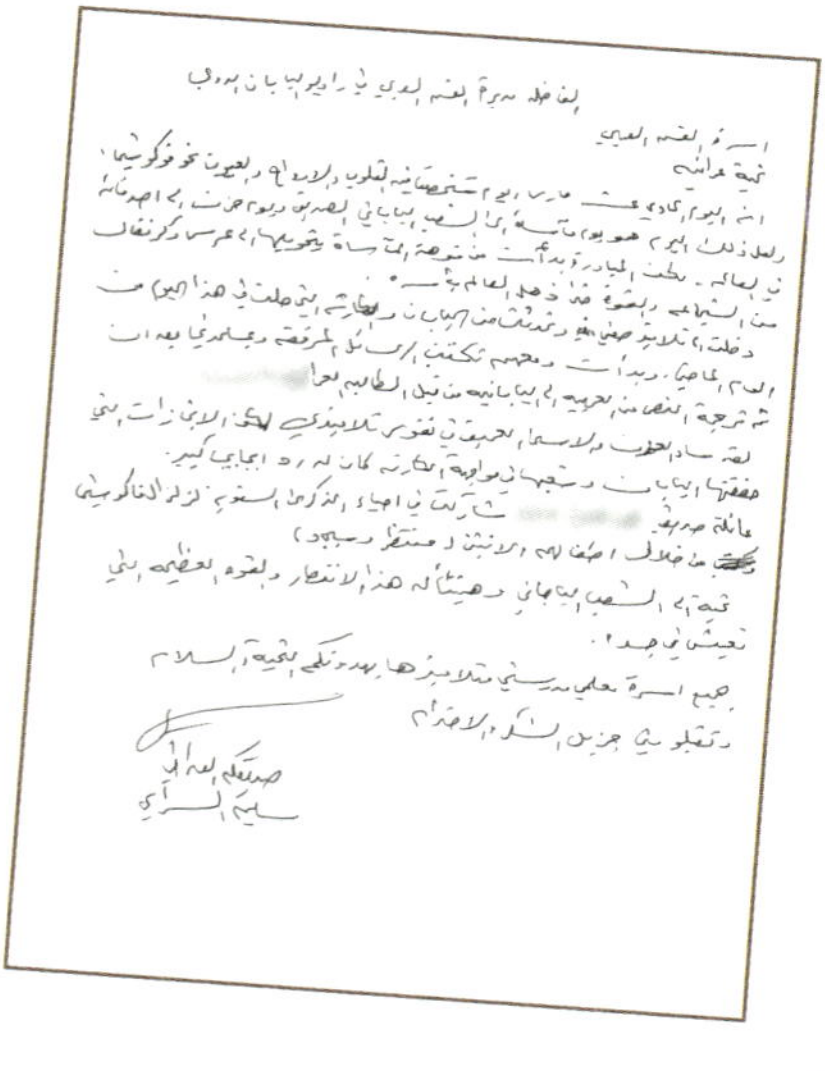

子どもたちの絵と一緒にいただいたサリーム先生からの手紙。

世界からのメッセージ Ⅲ

Message from the world
Ⅲ
2011.3.11~

from ポルトガル

日本と日本文化が大好きなポルトガル人です。

東日本大震災は、どこの国にも起こってほしくない悲劇でした。

自然の力が動くとき、人間は風に揺れる木の葉のようなものです。

あの日は朝、職場に着くとすぐに、同僚たちが日本で何が起こったか教えてくれました。

夜、自宅に帰ってテレビを見ていると、とても悲しくなりました。

映像を見て、泣いてしまうこともありました。

私の大好きな日本がこんなにひどい目にあっているなんて……と。


あの日から1年が過ぎました。

２０１１年３月11日の出来事に苦しんだすべての人に、称賛とハグを送ります。

みなさんの願いが叶うように。がんばれ　日本。

Message from the world 2011.3.11〜 III

from パキスタン

日本のみなさん、私たちはあなた方と共にいます。
この惨劇が二度と起こらないように。
どうか強くあってください ね。

from イギリス

日本の愛すべき人たちへ
強くあり続けてください。
すべて、いい方向に向かいます。
ただ、時間が必要なだけです。

私は、２０１１年の夏、岩手県宮古市で英語教師をしている兄弟に会うために日本を訪れました。

彼は友人を失いました。

私は、彼に帰ってきてほしいと伝えたのですが、彼は日本に残ると言いました。

彼と一緒に、宮古、田老《たろう》、山田、大槌《おおつち》、釜石（※）を訪ね、私はその理由がわかりました。

これらの街はかつて、友好的で楽しいことが大好きな人たちがいる、とても美しいところだったそうです。

津波は、街を破壊しましたが、いつかこの地域の人たちは、世界の人々の支援と共に強さと自信を取り戻し、復興し、再び笑うことができると、私は信じています。

※いずれも、岩手県の市町村。田老は現在、市町村合併により宮古市に、山田町は下閉伊郡に、大槌町は上閉伊郡にある。

from コロンビア

あの大災害からすでに1年が経とうとしているのに、その痛みがまだ、世界中で、そして私の胸の中から消えていないというのは、信じがたいものがあります。

ですが、みなさんの姿は、私たちに希望を持つことを教えてくれました。

希望を持つ国だけが、たとえどんな恐ろしい出来事があったとしても、前に進むことができるのです。

遠くコロンビアより、心の底からみなさんの未来にお祈り申しあげます。

from オーストラリア

私はひまわりの花が大好きです。
ひまわりは自由、希望、太陽の光、惜しみない心を表しています。
あなたの描いた絵（※）が本当になりますように。

※「わたしの未来のふるさと」画プロジェクトで描かれた絵（97ページ、コラム3参照）に対してのメッセージ

from エルサルバドル

私は建設作業員をしています。

これまでの経験から、再建することがいかに難しく、あきらめたくなったり、やめてしまいたくなったりする瞬間が訪れることを知っています。

ですが、日本をここまでつくりあげてきたのは、あなた方、日本人の新しいことを始める精神、そして、助け合いの精神です。

たくさんの家が泥の下に埋もれていくのを見て、すべてが終わってしまったと思ったかもしれません。

私も、すべてを飲み尽くす黒い波の映像に言葉を失いました。

今も、悪夢としてしか思い描くことができません。

でも、みなさんは生き抜いた。

この強靭《きょうじん》さを、これからも持ち続けてください。

あなたの行いは、もしかしたらすぐには報われることはないかもしれません。でも、あなたの行動や言葉で、いつか、誰かが救われます。

実際、みなさんは全人類にとっての模範となり、団結すればいかなる困難も乗り越えられることを、私たちに見せてくれました。

だから私は信じています。

みなさんが、復興をやりとげることを。

ただし、根を詰めすぎないように。

自分の身を案じることを、絶対に忘れないでくださいね。

from インドネシア

私は、日本語も英語も話すことができません。
でも、一緒に何かできればと願っています。
すべてが普通に戻っていきますように。
笑い続けて。
闘い続けて。

from 香港

3月11日。日本で大地震が発生した時、私は学校にいました。家に帰りテレビを見て初めて何が起きたか知ったのですが、一瞬にして、事の重大さがわかりました。

その日以降、私は毎日、新聞を読み、災害の状況に関心を持っています。

にぎやかに栄えていたであろう東北地方が水浸しとなり、一面の瓦礫《がれき》と自動車が山になっている様子を見るたびに、私は、日本のように災害に対して十分な備えをしていた国であっても、このような苦しい試練を受けるのかと本当に切なく感じました。

私は日本にはまだ行ったことはありませんし、ただの中学生ですが、日本人の団結心が強いことは知っています。

日本人がもともと持っている力で、必ず東北が立ち直ることを信じています。

from インド

1年前、大災害が日本を襲ったとき、〝友人〟である日本の人たちへ世界中から援助の手が差し出されました。

そのことにお礼など、必要ありません。

これは人の務めです。

人が、人を助けることをしないのなら、いったい誰がするのでしょうか。

私たちは、被災者の方々に笑顔が早く戻り、そして日本が以前よりもっと力強い国として立ち直ることを、心から願っています。

日本のみなさんは、誰もが苦難を乗り越える強い力を持っているのですから。

前に進み続けよ、日本!

from イラン

あなたの絵(※)を見ました。とても素晴らしい絵でした。

自分の街をどんなに好きか、そして穏やかな海がどれだけの喜びをもたらしているか、私にも伝わってきました。

いつの日か、あなたのいる街を訪れ、一緒に遊び、泳ぐことができたらと願っています。それまで魚を全部食べてしまわないで、私の分も残しておいてくださいね。

※「わたしの未来のふるさと」画プロジェクトで描かれた絵(97ページ、コラム3参照)に対してのメッセージ

from スペイン

日本人は心が広く、いかなる逆境にも立ち向かう強さと偉大さを持っています。

心の底から支援の気持ちをお伝えします。

あなた方が誠実であることの大切さを身をもって教えてくれたことに感謝します。

日本と国民のみなさんにお祈り申しあげます。

from キューバ

私たちの〝兄弟〟である日本国民と日本政府に、2011年3月11日に起きた悲劇からの復興の支援に対し、共鳴の思いを送りたいです。

キューバ、ハバナから連帯のハグを送ります。

from ベネズエラ

こんにちは。
私は、12歳の女の子です。
ひまわりでいっぱいの希望の絵（※）を見ました。
この絵によって、美しい気仙沼の入り江を知りました。

いつか、この絵のように、空にカモメたちが再び魅惑の軌跡を描くでしょう。
いつか、この絵のように、マグロ漁船が港にたくさん連なるでしょう。
いつか、この絵のように、たくさんのひまわりが太陽を見上げ咲き誇るでしょう。

そう遠くないある日、私はきっと美しい入り江を見て言うでしょう。
これは、ある女の子の夢なのよ、と。

夢見ることができるなら、実現することができます。
心を込めて、ハグを送ります。

※「わたしの未来のふるさと」画プロジェクトで描かれた絵（97ページ、コラム参照）に対してのメッセージ

from ブラジル

みなさんのことを応援しています。
日本人のことを尊敬しています。
かつて日本に４年間暮らしていました。
多くの友人がいるので、今回の震災は、とても悲しい気持ちでいっぱいです。
みなさんが強い意志のもと、不死鳥のように再生すると信じています。

from スコットランド

みなさんこんにちは。
震災にショックを受けました。
私も何かをしなければ、と感じました。
そこで、被災地支援のセールを開きました。
日々、日本のために祈っています。
悲しみの中で生活を再建しようとする復興の力、決意に、畏敬の念を抱きます。
あなた方は素晴らしい人々です。
みなさんに私の愛を送ります。

from 中国

東日本大震災から1年が経ちました。

２０１１年３月11日。

あの日私は、日本国民が巨大な災難にあったことをテレビで知りました。

画面に映った津波が去った後のシーン、悲惨で見ていられませんでした。

ある番組で、一人の日本人女性が自分の持ち場をしっかりと守り、津波の警報を放送し続けたこと、そんな彼女を非情にも津波が襲ったことを聞きました。

心が震えました。

私は東日本大震災を思い出す時、この自分の身の危険も顧みずに闘った女性に思いを馳せます。

今日の番組の中で、一人の日本人男性が地震の際、中国の研修生を避難させていた時、不幸にも津波にのまれた、ということを知りました。

研修生の一人は、一度は帰国したものの、自分を助けてくれた方と現地の人々に感謝の思いを伝えたいと、その街に戻ることを決めたとか。

私は受けた恩を忘れずに返す中国の研修生のことを、うれしく、誇りに思います。

中国の玉樹県の大地震（※）であれ、日本の大地震であれ、中日両国の人民は災難に対して、互いに無私の援助を行い、とてもよい関係と友情を育んできました。

災難での一つひとつのストーリーは、私に両国の人民同士の国境を越えた博愛を、深く知らせてくれました。

私たちは離れた場所にいますが、ずっと日本の震災後の復興と、そこで活躍している勇士たちの状況に関心を持っています。

日本の震災後の復興が秩序立てて行われているのを見て、私は真面目な日本国民が、必ずや新しい郷里を再建すると信じています。あなたたちに祝福あれ！

※2010年4月に起きた青海省大地震。マグニチュード7・1。

from エルサルバドル

世界でたくさんの人が、みなさんの苦しみ、悲しみ、不安を共に感じています。

私たちの〝兄弟〟である日本のみなさんの状況が早くよくなり、安心できるよう、祈っています。

あなた方は一人ではありません。

支援は必ず届きます。

私の国には、これらの大災害を前にみなさんが見せた精神力と強さに感銘を受けている人がたくさんいます。

今日は神様に、日本の早い復興をお祈りすることにします。

from ロシア

日本のみなさんは、人と人がつながる大切さを知っていると思います。

世界中の人々から送られる温かな気持ち、願いが、みなさんの新たな力となるよう、祈っています。

from ベトナム

「強いものが生き残るのではなく、賢いものが生き残るのでもない。変化するものが生き残るのだ」

被災者の方のこの言葉に、とても心打たれました。

みなさんの復興への決心をもってすれば、失ったものは過去のものとなり、みなさんの故郷はいつの日かまた、発展していくと思います。

震災直後から気仙沼で母子支援活動を行ってきた、公益社団法人　誕生学協会の呼びかけによるものでした。

おじいちゃんが両手に魚をかかげてにっこりと笑っている絵。その下には、「おじいちゃんたちの漁からあがってきて『大漁だ！』という笑顔を見たいと思いました」というコメントがついています。

校庭で、友達とサッカーボールを追いかけている絵には、「ぼくの小学校が津波で壊れて通えなくなった。早く直って校庭で友達と遊びたい」とのコメントが。

海岸にジェット機やＵＦＯが飛び交う絵には、「もう絶対にたくさんの人が亡くならないことを祈っています。

Column 3
世界をつなぐ「1131枚の絵」

by　ラジオ日本ディレクター

震災から4か月経った2011年の夏、1131枚にも上る絵が集まりました。

宮城県気仙沼市の小、中、高校生が、「わたしの未来のふるさと」をテーマに描いたものです。

大好きだった風景、家族や友達と過ごした忘れられない思い出、復興してふるさとがこんな風になったらいいなという願いなどが、画用紙いっぱいにクレヨンや色鉛筆で思い思いに描かれています。

2013年2月NHK公開復興サポート「明日へ　in　東北大学」で、子どもたちの絵とそれに対する海外からのメッセージを展示した。

（公社）誕生学協会代表理事
大葉ナナコさん

また、特集番組をつくるにあたり、子どもたちにインタビューすることにしました。


2012年2月——。

気仙沼でのインタビュー、ロケが始まりました。

子どもたちの中には、津波ですべてを失い、仮設住宅で暮らしていたり、親しい人を亡くしたり、津波に人が流される様子を目撃した子もいます。

子どもたちは、様々なことを話してくれました。


「絵を描きながら、落ち込んだままじゃダメだと思いました。友達、家族、地域の人たちと一緒に、不自由な生活でもガマンして、復興に向けてがんばろうと思いました」

「津波で自宅は流されたけど、家族は命を落とさずにすみました。家族の笑顔が一番だと思います」

「僕の好きなカメや昆虫がたくさん住める気仙沼の海や川になってほしい」


インタビュー中、9歳の男の子に出会いました。

ぽっちゃりとして、ほっぺがあどけない、おとなしそうな小学3年生です。

彼は、学校で被災しました。みるみるうちに津波で街が覆われる中、クラスのみんなと校舎の3階に避難し、暗闇の教室で一晩を過ごしたそうです。食べるものも十分になく、3人ごとにグループになってスナック1袋とジュース

未来は、空からＵＦＯとジェット機で、海では水陸両用のパトカーで津波の見張りをします」というコメント。

誕生学協会の代表理事・大葉ナナコさんは、「未来のふるさとを描くことで、愛する原風景を思い出し、復興への希望が心の中に芽生えることを願っている」と言います。

子どもたちの気持ちがつまった絵、丁寧に書かれた手書きの文字は、見る者の胸を熱くさせます。

「この子どもたちの想いを世界中に伝えたい――」

私たちは、震災からまもなく１年という2012年２月３日から、1131枚すべての絵をNHKワールドの特設ホームページに掲載しました。

「明日へ　in　東北大学」には
絵を描いた子どもたちとご家
族が集まってくださった

世界中のリスナーからのメールの束

「子どもたちの絵を通じ、屈してはならないこと、未来への希望を捨てないこと、そして協力しあえば大きな結果を得られることを学びました。子どもたち一人ひとりに感謝したい」　（ペルー）
「素晴らしい絵をありがとう。あなたたちの絵のおかげで、私は笑顔になれました」　（イギリス）
「つらい経験をしたにもかかわらず、子どもたちの言葉には未来を信じる気持ちがこんなにもあふれています。やっぱり私は、日本が好きだなと思いました」　（ブラジル）

インド洋大津波を体験したインドネシアからは、気仙沼の子どもたちと同世代の若者のメッセージが届きました。

「私はもうすぐ大学に入ります。日本で勉強するために奨学金を探します。一緒に気仙沼を復興させましょう！」
「僕は 14 歳です。僕も災害で大切な友達を失いました。

１パックを分けあって空腹をしのいだと言います。お母さんと再会できたのは２日後のことでした。

「あの夜、君ががんばれたのはどうしてかな？」と尋ねると、一生懸命考えながら、ゆっくりと「友達がいたから」と、答えてくれました。

彼は、世界には東北と同じように災害に見舞われた地域があることを、ラジオ日本の取材を通じて知ったそうです。

「怖い時は友達と一緒に話せば元気になるよって、世界中の９歳に教えてあげたい」

と、話してくれた決意が頼もしく、印象的でした。


３月——。

彼らのインタビューを、17言語で放送しました。

「世界に、子どもたちの想いが届いてほしい」という私たちの願いが伝わったのでしょうか。

続々と世界中のリスナーから、メッセージが届き始めました。

「いい絵だね！」といった褒め言葉など、子どもたちの絵に対する感想だけでなく、驚いたことに、復興をめざす子どもたちの言葉に、自分（リスナー自身）が励まされたといった内容のメッセージが多くあったことです。


「震災で多くのものを失った子どもたちの強い痛みを感じましたが、子どもたちが希望を捨てずに夢を持っている様子が伝わってきました。私も気仙沼に行って、彼らを励ましたい」

（ミャンマー）

特集「1131枚の子どもたちの夢」番組ホームページ
協力　公益社団法人誕生学協会

悲しかったけど、新しい生活を取り戻す努力をしました。君はもうすぐ卒業だそうですね。僕ももうすぐ学校を卒業します。14歳同士。共に試練に立ち向かってがんばろう」
「あなたの絵を見て、インドネシアの美しい海岸を思い出しました。明るい太陽が、日本の美しい海を照らし続けますように」

私たちは、各言語で寄せられたメッセージを日本語に訳して、取材させていただいた子どもたちのご家族にお送りしました。

世界の人たちが、みなさんのことを心から応援してくださっていることをお伝えしたかったのです。

先ほど紹介した9歳の男の子にも、メッセージをお届けしました。お母さまによると、メッセージは、額縁に入れて、今も部屋に飾ってくださっているそうです。

震災の記憶を胸に抱えながら、気仙沼の子どもたちは、毎日を一生懸命生きています。

おそらく、他の地域の子どもたちも同じです。

子どもたちが未来を楽しみにできますように。

世界からのメッセージ Ⅳ

Message from the world
Ⅳ
2011.3.11～

from モロッコ

日本人はとても美しく、洗練された人たちです。どんな困難にも、忍耐と、あきらめないことで、向き合ってきました。

被災者の方々が精神的、経済的な痛みを乗り越え、日本が返り咲くことを祈っています。

日本を訪問して、日本の素晴らしい人々、偉大な文化に圧倒される日を楽しみにしています。

Message from the world 2011.3.11〜 IV

from イラン

私は日本が大好きなイラン人です。

２０１１年、私は日本のみなさんに哀悼の気持ちを伝えたいと思い、Facebookでメッセージを送ったり、弁論大会に参加して、日本のことを話したりと、様々なことをしてきました。

再来年には、日本の勉強をしたいので日本へ行く予定です。

東北にも必ず行きます。

イランのお土産も持っていきます。

東北にいる〝家族〟に想いを届けたい、津波で亡くなった方に気持ちを届けたい、そう思っています。

私は、みなさんの姿に、絶対にあきらめない気持ちを学びました。

がんばれ　東北
がんばれ　日本
愛する　日本

from マレーシア

こんにちは、みなさん。
震災が起きてから1年が経ちました。
みなさんにとっては復興に向かうための、過酷で大変な時間だったことでしょう。
けれども、あなた方の誰もがあきらめなかった。
それを、私たちは誇りに思います。
世界中の人たちが、あなたの友人として、いつでも必要なときに、一緒にいます。

Message from the world IV 2011.3.11〜

from インド

私は信じています
あなたが、かつてあった美しい砂浜を取り戻し
すべての困難を超えて
美しい日を迎えることを

※「わたしの未来のふるさと」画プロジェクトで描かれた絵（97ページ、コラム3参照）に対してのメッセージ

from ブラジル

日本のみなさんに「がんばれ」とは言いたくありません。
すでにとてもがんばっていると思うからです。
信じる気持ちを常に持ち続けてください。
日本は、物事のよい面を見て、前向きに進むことのできる国です。
自らの考えを実行に移す力を持ち、その手で世界を変えることのできる国です。

from スリランカ

地上に太陽の光がさす限り、
人は、
命は、
そして想いは、
永遠に生き続けます。

from 中国

私たちのすべての力を集めても、自然の力の億万分の一にも及びません。

しかし、私たちの生きていく勇気と互いを大切にする眼差しは、十分にすべての苦難に打ち勝つことができます。

生きていくことは、何にも勝るよいことです。

from マカオ

あなたの願いはきっと叶います。

あの日上がった花火は、人々に、そしてあなたにたくさんの幸せと希望をもたらすでしょう。

私は、子どもの頃から花火を見るのが大好きでした。

がんばってください。

私は、3・11を決して忘れません。

※「わたしの未来のふるさと」画プロジェクトで描かれた絵（97ページ、コラム3参照）に対してのメッセージ

from ベラルーシ

被災地の方々へ、ぜひ、このメッセージを伝えてください。

日本から遠く離れた穏やかな国ベラルーシに、一人のごく普通の若者がいます。

彼の頭の中は、被災した方々が経験した深い悲しみ、破滅的な悲劇、被害の甚大さ、雪崩《なだれ》のごとき喪失、彼らにつきつけられた未曽《みぞ》有《う》の課題に対する思いでいっぱいです。

このような思いを抱えている人は、彼だけではなく、世界中にたくさんいるのだと。

from ミャンマー

震災のことを聴いて、とても残念に思いました。
亡くなった方々が天国で心穏やかにいられることを、心から祈っています。
機会があればボランティア活動などに参加したいです。
被災地が一刻も早く復興することを心から願っています。

from チリ

破壊的な地震と津波から1年が経った今、日本の全国民に温かな挨拶と敬意を送り、亡くなった方々にお悔やみを申しあげたいと思います。

チリと日本がこれらの大惨事によって瓜《うり》二つであることは疑いようがありません。

チリは大地震、そして大津波が何たるかを、2010年2月27日に知りました。

この時私は、ディチャト地区にいました。

チリで最も大きな被害を受けた町です。あの時、町は津波によって破壊されましたが、私と家族は奇跡的に波にのまれずにすみました。

この悲劇の生存者として、私はあの3月11日に家庭や愛する人々を失ったすべての日本の方々の苦しみと悲しみを理解しています。

日本とチリはさらに重要なことにおいても瓜二つだと思います。

それは、前に進むということ。

くじけないということ。

がんばること。

そして、廃墟《はいきょ》から国民と家族と人生を元気づけるという、それぞれの国民の願いです。


今年の2月27日、私たちはチリの犠牲者を追悼しました。

3月11日には、みなさんも日本の犠牲者を追悼するでしょう。

時を同じくして私たちも、日本の犠牲者のために祈りを捧げ、日本というこの美しい国が立ち上がり、素晴らしい国であり続けることを、そして私たちがチリ人として、あなた方から素晴らしいがんばりの精神を学び続けることができるように祈っています。

チリより、心を込めて

from ドイツ

あなた方の勇気、心意気に、私の心は震えました。
みなさんの幸運を願う気持ち、たくさんのエネルギーを送ります。
どうか、受け取ってください。
みなさんが、目標と夢を達成できますように。
世界の人々の心はあなた方と共にあります♥♥♥

from インドネシア

昨日は思い出
今日は贈り物
明日は希望

Yesterday is memory.
Today is a gift.
Tomorrow is hope.

from 台湾

私はこの前、現地の状況を伝える報道番組で、目の前にいる小さなひよこを食べずに、じっと耐えている飢えた子猫の姿を見ました。仲良く一緒に暮らしていると、こんな不思議なこともあるのかと思いました。

今回の震災において、胸に宿る様々な想いを言葉に表しようもありません。

ただ一方で、天災は非情なものですが、神様は私たちに世界の良い一面を見せてくれたと思います。

私たちは日々をもっと大切に、そして相手を思いやる生き方ができるのではないでしょうか。

from マレーシア

私は、震災の時、日本で学生をしていました。

震災後、一度は日本を離れましたが、数週間後には日本に戻り、勉強を続け、大学を卒業しました。

さらにその後、家族を日本に呼び、新幹線はやぶさに乗って、東北へ連れていきました。

本当に、素晴らしい旅でした。

from エジプト

親愛なる日本のみなさんに初めて書く手紙です。

なのに、何から書き始めればよいのかわからずにいます。

あの地震によって起きてしまったことに、私は大きな痛みを感じました。

ここエジプトから、亡くなった方、大事な人を失った方に、お悔やみの気持ちを送ります。

共にいたら、どんな小さなことでもしてあげられるのに。

日本に行くことができていたら、私の姿は今ごろ被災地にあったでしょう。

そして、ケガをされた人の治療をお手伝いしていたでしょう。

エジプトの日本国大使館が門戸を開き、献血などの機会があれば、喜んで参加します。

from ブラジル

２０１１年の震災を経験したすべての人たちへ
私は日本から遠く離れていますが、一人ひとりの手を握り、抱きしめて、大きな声で「私たちは兄弟だよ」と伝えたいです。
みなさんの未来には、よいことが訪れるよう、同じ世界に暮らす市民として、心の底から願っています。
みなさんが幸せでありますように。

from メキシコ

私の1日はラジオと共に始まります。

ラジオ日本の番組で、私は日本について様々な情報を得、言葉を学んでいます。

あの地震が起こった時、私はすぐさま日本に支援に向かいたいと思いました。ですが、結局できずじまいで、ずっと心残りでした。

もし、私の言葉が誰かを慰《なぐさ》め、励ますことができるのであれば、それはとても幸せなことです。


メキシコも現在、様々な問題に直面しています(※)。

地震を乗り越え、前を向いて歩んでいこうという強い心を、日本の人たちが持っていることを知り、私も全力を尽くし、自分の国、そしていつか世界をよりよくしていこうと考えるようになりました。

私も私の家族もみんな、今なお被災地でがんばっているすべての人々に対し、神の祝福があることを願っています。

私たちの祈りはみなさんと共にあります。

※2006年以降、メキシコでは、政府と麻薬組織の間で戦闘が続き、住民が巻き込まれるなど、治安悪化の一途をたどっている。

from エクアドル

地球の反対側からメッセージを送ります。

この1年、日本の状況を伝えるニュースをいつも気にしてきました。

そして、あなたたちと共にいること、そして、希望を失わないでほしいことを伝えたいと思っていました。

日本は、素晴らしい国民に支えられ、これからも前に進んでいくことができるでしょう。

時には前が暗く何も見えないこともあるかもしれません。でも、必ず輝く夜明けはやってきます。

その光を浴びて、みんな笑顔になれるはずです。

from マレーシア

トンネルの終わりには明るい光があります。
いつか、あなたの上に、星が輝くことでしょう。
それを目指して前に進んでください。
もっと素晴らしい未来に向かって。
明日を信じて——。

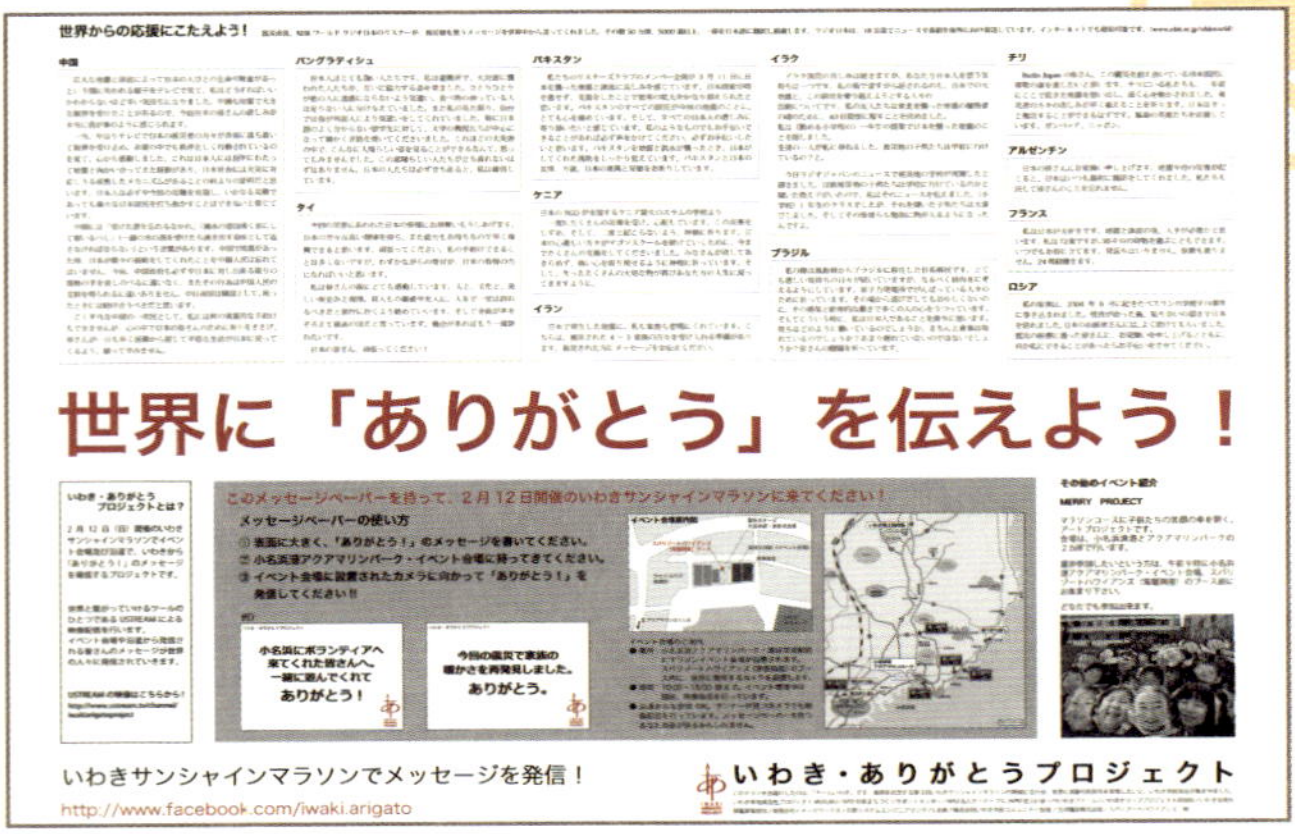

世界からの応援にこたえよう！

中国

バングラディシュ

パキスタン

イラク

チリ

アルゼンチン

フランス

タイ

ケニア

ブラジル

イラン

ロシア

世界に「ありがとう」を伝えよう！

いわき・ありがとうプロジェクトとは？

このメッセージペーパーを持って、2月12日開催のいわきサンシャインマラソンに来てください！

メッセージペーパーの使い方

① 表面に大きく、「ありがとう！」のメッセージを書いてください。

② 小名浜港アクアマリンパーク・イベント会場に持ってきてください。

③ イベント会場に設置されたカメラに向かって「ありがとう！」を発信してください!!

小名浜にボランティアへ来てくれた皆さんへ。一緒に遊んでくれてありがとう！

今回の震災で家族の暖かさを再発見しました。ありがとう。

その他のイベント紹介

MERRY PROJECT

いわきサンシャインマラソンでメッセージを発信！

http://www.facebook.com/iwaki.arigato

いわき・ありがとうプロジェクト

あるプロジェクトで、ラジオ日本に届いたメッセージを使いたいとのこと。どうやらFMいわきの放送を聴いてくださったようです。

これが、2012年2月に開催された、“いわき・ありがとうプロジェクト”でした。

舞台は、いわき市主催の「いわきサンシャインマラソン」。震災の傷痕が残るコースを走るランナーを沿道でいわきの人々が応援する際に、“ありがとう”の思いを綴《つづ》った紙をかざし、これまで寄せられた様々な支援に対し、感謝の気持ちを発信したい、というのが彼らの考えでした。

「日本だけでなく、海外からも手を差し伸べられたことで、初めていわきは一つになり、“ありがとう”を言うことができた」

「そのシンボルとして、プロジェクト紹介文に、ラジオ日本に寄せられた海外からのメッセージを引用したい」とい

Column 4
日本から世界へのメッセージ ～いわき・ありがとうプロジェクト～

by　ラジオ日本ディレクター

世界中から届いた日本を想うメッセージ。

その数が増えれば増えるほど、より多くの人に読んでほしい、届けたい、いや、届けなければならない、そう考えるようになりました。

ラジオ日本のメンバーで手分けして、被災地での取材を通して出会った方にメッセージを手渡したり、現地のラジオ局を訪れてお渡ししたりすることにしました。

福島、宮城、岩手のコミュニティFM放送局を訪ねたのですが、とても喜んでくれ、ほとんどの局が届けたその日にメッセージを紹介してくれました。

紹介の最中に、メッセージを読みながらアナウンサーの方が涙で声を詰まらせたり、それを聞いて音声技術担当者の方が鼻をすする音が放送されてしまったりする様子に、お届けしてよかったと心から思ったのでした。

以降も、引き続き、紹介していきたいと言っていただいたラジオ局には、適宜、翻訳してはお届けする日々が翌年まで続きました。

福島県いわき市にあるFMいわきでは、海外からのメッセージを朗読する帯番組までできたほどです。

そんなある日、いわき市の市民有志グループから連絡がありました。

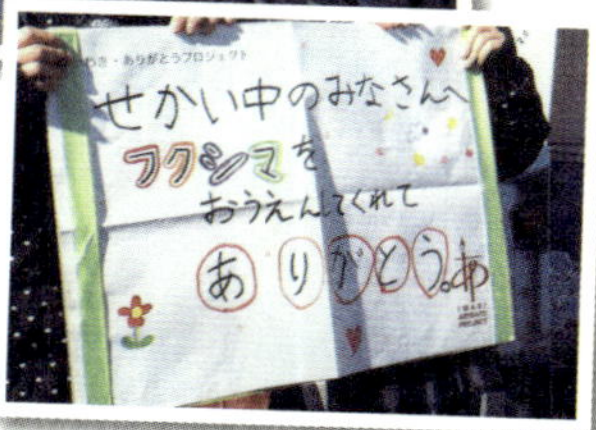

「せかい中のみなさんへ
　フクシマをおうえんしてくれて
　ありがとう。
（世界中のみなさんへ
　福島を応援してくれてありがとう。）」

と書いた紙を持って、応援していました。
文字の横には、花やハートのイラストが描かれています。
お母さんにお話を聞くと、

「福島に育ち、これから生きていくうえで、応援してくれる人がいろんなところにいることを、子どもたちにわかってほしかったので書かせました」

とのこと。ほかの方も、次のように話してくれました。

「自分たちだけが取り残されていると思ってしまうのは、

うことで、12か国からのメッセージが掲載されることになりました。

大会当日、市民が沿道で掲げたメッセージ用紙には、感謝の思いと共に、こんな言葉が綴られていました。


「It's a small world 世界はひとつ」

「世界の人々の絆をさらに強く」

「この世界、とても温かいね」


マラソン大会の第1折り返し地点は、いわき市中心部から車で30分ほどの江名《えな》港です。

そこでは漁師の方たちが色鮮やかな大漁旗を振って、ランナーを応援するのが恒例となっていました。

ところがこの日、漁師の方たちは、大漁旗だけでなく、英語の横断幕を準備してランナーたちを待っていました。

そこにはこう書かれていました。


「From Iwaki, Fukushima to all of you of the whole world. Thank you!

(福島いわきから世界中のみなさんへ。ありがとう!)」


ラジオ日本も"いわき・ありがとうプロジェクト"を取材しました。

私たちは会場で、8歳と6歳の幼い姉妹とお母さんにお会いしました。彼女たちは、

被災地にとって悲しいことです。

　自分たちのことを誰かが想っている、誰かが支えてあげようというつもりでいる、そのことを実感できると、力になります」


　私たちはこの日、できるだけ多くの人々の声を収録し、世界に向けて17言語で放送しました。

　それを受けて、大震災から1年近く経つというのに、新たに世界中のリスナーから日本へのメッセージが届きました。


「被災地のみなさんの声が聴けて、とてもうれしいです」

「世界があなた方を忘れるなんてことはありません。心配しないでください」

「みなさんの幸福と復興をずっと願っています」


　遠く離れた地にいる誰かが送ったメッセージが、人々を励まし、勇気づけ、「ありがとう」を返し、それを世界中に伝えることでまた、メッセージが寄せられる。

　やさしくて温かな想いで世界中が繋がっていることを、強く実感したのでした。

世界からのメッセージ V

from ロシア

私も将来医師になって、人々を助けたい。

5歳の女の子

from ブラジル

日本の人々は勇気と力で、いくつもの災害を乗り越えてきました。

それは疑いようのないことです。

今、世界中は感動しています。

大震災からの復興が確実に進んでいることで、あらためて日本の持つ力が証明されました。

みなさんの組織力と粘り強さは、成功する力と同義語だと思います。

未来を信じる気持ちを見失わないでください。

大切なものが奪われてしまったとしても、未来には、きっと、もっと、素晴らしいことが待っています。

GANBATTE　KUDASAI！

from ベネズエラ

あなたのようにつらい経験をしても前に進み続ける強い意志を保ち、その過程で他の人をも助ける力を持つことのできる人と知り合いになれて、とても感謝しています。

地震と津波の経験は日本にとって厳しい試練となりました。でも、このことによって私たちは、いかに自分たちがもろい存在であるか、同時に、いかに強くなりうるかを見ることができました。

あなたの経験を、話してくださってありがとうございます。

だから、お願いです。

あなたも、あなたの同郷の方々も、前に進み続け、屈しないでください。

遠い国からですが、あなた方が発展し、前進し続けられるよう手助けしたいと思い、メッセージを送ります。

from インドネシア

日本の兄弟姉妹たち、美しい国と創造力に満ちた人たちが、津波の被害にあっても、心を失わないことに、敬服しています。

津波によって何がもたらされたか、世界は関心を持っています。

その中で、みなさんは懸命に未来を見つめています。

日本はさらに発展していくでしょう。

それは過去の災害事例からも明らかです。

そう、神は我々と共におられるのですから。

from ケニア

14歳の子ども

日本で起きたこと、心からお悔やみ申しあげます。
どうぞ、ケニアにいる私たちが、みなさんと共にいることを知ってください。

from ブラジル

つらい想いを抱えながらも、気を落とすことなくがんばっている
みなさん。
その姿を見る私たちには、言葉はありません。
ただ、みなさんの持つ力と、人間の可能性を感じたのです。

from バングラデシュ

２０１１年3月11日の地震以降、災害の様子と復興のために闘う人たちの姿を、ラジオ日本を通じて聴いてきました。

日本人の冷静さ、精神力の強さ、忍耐力は、今や世界からの賞賛の的になっています。

今回の災害を乗り越え、復興を目指す日本の人たちの姿勢は、世界のお手本となるでしょう。

今日の番組で被災地の復興のために努力を続ける人たちからのメッセージを聴き、私自身が勇気づけられた思いがしました。

こうした新たなメッセージは、世界のどこで、どんな災害が起こったとしても、それと闘うために世界の人たちを一つにしてくれるでしょう。

彼らの姿、言葉は、世界中の国および民族が見習うべきことだと考えます。

復興のために立ち上がった日本の勇敢な人たちと共に、

「私には復興への道すじが描けています。私もあなたたちと一緒に闘います。みんなで前に進みましょう！」

と叫びたいと思います。

from カナダ

私たちは、みなさんの復活を願って「絆」を大事にしていきます。私たちは、気仙沼の街と人、そして名物のサンマをこれからも応援し続けます。

がんばれ！

from イギリス

２０１１年３月11日。

日本がもっとも暗く、破滅的だったあの日から、間もなく1年が経ちます。

おそらくちょうど1年となるその日、みなさんは、世界中の人々の想いを知るでしょう。

そしてみな、これからもずっと日本を想い、日本の人々を想い、この国がどのように災害から立ち上がっていくかを見守り、想いを寄せるでしょう。

あなた方はいつも、私たちの心の中にいるのです。

from フィリピン

親愛なる日本の人々へ
10か月前、私はテレビで、津波によってあなた方の国が破壊される恐ろしい様子を見ました。
言葉を失いました。
私たちが住む地球の終わりか、そう思ったのです。

犠牲となった方々に、お悔やみ申しあげます。

そして、あなた方の態度に賞賛を送ります。

あなた方が持っている規律、道徳心によって、人生の危機を耐え、乗り越え、毅然《きぜん》として立ち向かうことができるはずです。

Message from the world 2011.3.11～ V

from インドネシア

14歳の子ども

つらい思いをしている日本のみなさまにお見舞い申しあげます。
たった14歳の私ですが、どうしても伝えたいことがあります。
悲惨な出来事にくじけず、がんばってほしい。
愛した人たちは亡くなってしまったかもしれません。
でも、思い出と共に心の中にいつまでも生き続けています。
未来と人生は、気持ちで切り開いていくものです。
あきらめず、立ち向かってください。

from カメルーン

1年前に起きた災害を乗り越えた〝兄弟たち〟を励ましたいと思い、ペンをとりました。


笑顔は、たくさんのことをもたらしてくれます。

受け取る人を豊かな気持ちにさせます。

一瞬しか続かないものですが、その記憶は時として永遠です。

笑顔なしでいられるほど富んだ人はいないし、笑顔にふさわしくないほど貧しい人もいません。

家庭に幸せをもたらし、仕事を支えてくれます。笑顔は、友情の思いやりある証《あかし》です。

疲れている者には安らぎを与え、くじけた者には勇気を与えてくれます。

買うことも、借りることも、盗むこともできません。

与えられたその瞬間からしか価値を持たないものだからです。

笑顔を忘れてしまった人と会うことがあれば、寛大な気持ちになって、あなたの方から笑いかけてあげてください。

他人に笑顔を向けることができない人にとって、笑顔ほど必要なものはないのですから。

友情を込めて

from アメリカ

あの大災害の中で放送を続けたラジオ局があったと聴き（※）、その姿勢に私は心を打たれました。

私は地理的には日本から遠い場所にいますが、ラジオは太平洋の隔たりを縮めてくれます。

大震災で生まれてしまったあらゆる溝も、素晴らしいラジオ放送によって克服されたらと、願っています。

放送に携わるみなさまが、日々のニュースのつらさで力を落とされませんように。

※2011年5月、6月に放送したシリーズ番組〝ラジオの力〟では、被災地のコミュニティFM放送局についてとりあげた。自ら被災しながらも、災害情報や生活情報を伝え続け、復興に向けてコミュニティをまとめる役割を果たすラジオ局の様子に多くの反響が寄せられた。

from スリランカ

日本は、日本人が生まれながらに持っている勇気や決意によって、広島、長崎、さらに神戸のように再建することでしょう。

無情な自然の脅威によって奪われた様々なものに対する記憶は、みなさんの、そして我々の心の中から消え去ることはありません。

それでも、地上に太陽の光がさす限り、人間性や命への想いは永遠に生き続けます。

from ロシア

私の家族は、２００４年に起きたベスランの学校テロ事件（※）に巻き込まれました。
その後、知り合いの招きで日本を訪れました。
このとき、日本のお医者さんに、たくさん助けてもらいました。
何か私にできることがあったら、お手伝いをさせてください。
震災の被害にあったみなさんに、お見舞いを申しあげます。

※２００４年９月、ロシア南部の北オセチア共和国のベスランで、武装グループが学校を占拠した。子どもや保護者など、１０００人余りが人質となり、犠牲者が多数出た。

from インドネシア

日々、日本の地震と津波のニュースに心を痛めています。

日本のみなさんは、きっとこの災害を乗り越えられるだろうと信じています。

私たちは、大学で日本語を専攻しています。同じ専攻の学生と日本の文化が好きな人たちで集まり、最近、ショッピングモールや街頭で募金活動を始めました。

私たちは微力で、他には、祈りを捧げることしかできません。

どうか日本が前を向き続けられますように。

from エジプト

先日、ラジオ日本の放送で、福島の方からのメッセージを聴き、感激しました。

「福島に育ち、これから生きていくうえで、私たちを応援してくださる方がいろいろなところにいてくれることを、子どもたちにわかってほしかった」

という幼い姉妹の母親の言葉には、とくに胸を打たれました。

みなさんの幸福と復興を、ずっと願っています。

from シンガポール

みなさんが、家族と共に毎日を幸せに過ごせますように。
それが私の最大の願いです。

おわりに

東日本大震災発生後、私たちラジオ日本は、NHKのニュースセンターから出稿される原稿を次々と17言語に訳し、ラジオとインターネットで世界に発信し続けました。

増え続ける死者・行方不明者の数。

大津波による極限の恐怖を体験した生存者の声。

政府の対応など。

局内には、緊迫した空気が流れていました。

ラジオ日本のセクションには、29の国と地域出身の外国人アナウンサーが働いているのですが、状況の深刻さに原稿を下読みしながら泣き出す者、異常な事態に動揺する者もいたほどです。

さらに、放送直後から、海外の様々な放送局や新聞社より、「いったい日本はどんな状況なんだ?」という問い合わせの電話が鳴り続きます。

こうした混乱の中で、私たちは必死で放送を続けました。

そんな時でした。

私たちの元に、世界中のリスナーからメールや手紙が続々と届き始めたのです。

その多くが、本書でご紹介させていただいたような、困難な状況下にある、日本、被災地の人々へのエールでしたが、日本で暮らす外国人の方、また知り合いが日本で暮らしている海外の方から、

「東北に家族がいます。この電話番号のはずですが、かかりません。安否を知りたいのですが、どうしたらいいでしょうか」

といった、人捜しのメール、

「私は福島で避難していますが、情報がありません。赤ん坊に水を飲ませてもいいのでしょうか」

といった、相談のメールなども寄せられました。

日本語、さらには英語もわからないという人たちにとって、ラジオ日本が唯一頼れる情報源だったのです。

「ラジオ日本のみなさんは大丈夫ですか？」（タイ）

私たちスタッフを気遣うメールもありました。

「世界中のリスナーが日本を想ってくれている。日本を好きと言ってくれている……」

とても救われる想いがしたのを、今でもしっかり覚えています。

そして、

「とにかく正確なニュースを出さなくては」

と、リスナーからのメッセージに触れるたびに、私たちは、気を引き締めて報道に取り組み続けたのです。


被災地にも何度も足を運び、番組を制作しました。

地元産業や伝統行事の復活、施設の再開、支援によって生まれた新たな絆など、復興への取組みを放送すると、リスナーから喜びや応援の声が届きます。

震災後に生まれた赤ちゃんのこと、福島の子どもたちが綴る詩や宮城の子どもたちが描いた絵など、子どもについての番組には、国を問わずたくさんの反響があり、子どもたちの幸せを願う感想にこちらまで胸が熱くなりました。

日本の防災への取り組みや技術は、同じく災害が多い国から、高い関心と感謝が寄せられました。

ラジオの向こう側にはいつも、その感情を共有してくれる多くのリスナーがいました。

「復興のために努力を続ける人たちの声を聴き、私自身が勇気づけられました」(バングラデシュ)
「被災地のみなさんに感謝します。私もいつも全力を尽くし、自分の国から始めて、世界をよりよくしていこうと考えるようになりました」(メキシコ)

大きな喪失感、将来への不安、帰れない故郷への思いなど、つらい気持ちにマイクを向けることもありました。

自分のような悲惨な経験を誰にもしてほしくないと、真摯にお話ししてくださるみなさんに、私たちが圧倒されたこともしばしば。

その想いは、海の向こうのリスナーにも確実に伝わっています。


今回、世界中からこの4年間でラジオ日本に届いたメッセージが本になるにあたって、私たちは送り手を捜し出し、掲載したい旨をお知らせしました。

すると、連絡がついたリスナーのほとんどがすぐに返事をくれました。その多くにやさしい言葉が添えられていました。

彼らは、ずっと日本、そして日本人に関心を持ち続けてくれていたのです。

「日本のことはずっと心の中にあります」と書いてくれた人。

「あの時何もできなかったのが心残りでした。少しでもお役に立て

るならうれしいです」（エジプト）
「たくさんのリスナーに連絡を取っているんでしょう？　がんばって！　プロジェクトが成功しますように」（オーストラリア）
と、私たちを激励してくれる人もいました。

4年経ったからこそのメッセージをくれた人もいます。
「泣かない人が強いのではない。
泣いたあとにまた立ち上がり、再び闘う人こそが強いのだ」
（マレーシア）

日本を大切に想ってくださる世界中のみなさんからの思いやりの言葉の数々。
国や場所は違っても、同じ時代に暮らす仲間。
この本で紹介したメッセージは、そんな仲間からの日本への〝ラブレター〟です。

このラブレターが多くの方に届くことを願っています。

そして、今も癒えない傷を抱えながら、1日1日を過ごされるみなさんが、少しでも温かな気持ちになれますように。

最後に、世界に向けて被災地のことを伝えることに賛同し、ラジオ日本の取材を受けてくださったみなさまに、この場をお借りしてお礼を申しあげます。

また、世界中から届いた奇跡のようなラブレターが、こうして本になるまでにご尽力いただいたすべての方々に、深く感謝を申しあげます。

NHKワールド・ラジオ日本
「5000通のラブレター」プロジェクト一同

各国語のありがとう

* ありがとう
Japanese

* *Thank you*
English

* شكرا
Arabic

* ধন্যবাদ
Bengali

* ကျေးဇူးပါ
Burmese

* 谢谢
Chinese

* *Merci*
French

* धन्यवाद
Hindi

* **Terima kasih**
Indonesian

* 감사합니다
Korean

* سپاس
Persian

* **Obrigado**
Portuguese

* **Спасибо**
Russian

* *Gracias*
Spanish

* **Asante**
Swahili

* ขอบคุณ
Thai

* شکریہ
Urdu

* Cảm ơn
Vietnamese

編者

NHKワールド・ラジオ日本《にっぽん》 (NHK WORLD RADIO JAPAN)

日本放送協会(NHK)の海外向けラジオ国際放送。1935年、北米・ハワイに向けて短波による日本語・英語放送を開始してから80年の節目を迎えた。日本語や英語、スペイン語、アラビア語など18言語で、ニュースおよび、日本の伝統文化、旅、ポップカルチャー、テクノロジーなど様々な番組を東京から発信している。短波のほか、中波、FM、衛星ラジオでも放送。全世界で約3億人が聴取可能。(短波を除く)インターネットおよび無料アプリのサービスで、国内からも聴取できる。

●NHKワールド・オンライン http://www.nhk.or.jp/nhkworld/
●ラジオ日本・英語放送ホームページ http://nhk.jp/rj

監修者

NHKワールド・ラジオ日本「5000通のラブレター」プロジェクト

井口治彦
(NHK国際放送局多言語メディア部部長)
津田康子
(NHK国際放送局多言語メディア部チーフ・プロデューサー)
飯野真理子
(NHK国際放送局多言語メディア部アラビア語放送ディレクター)

日本《にっぽん》へのラブレター
～世界《せかい》から届《とど》いた5000通《つう》のメッセージ～

〈検印省略〉

2015年 2月 26日 第 1 刷発行

編　者――NHKワールド・ラジオ日本《にっぽん》
発行者――佐藤 和夫

発行所――株式会社あさ出版
〒171-0022 東京都豊島区南池袋 2-9-9 第一池袋ホワイトビル 6F
電　話 03 (3983) 3225 (販売)
03 (3983) 3227 (編集)
F A X 03 (3983) 3226
U R L http://www.asa21.com/
E-mail info@asa21.com
振　替 00160-1-720619

印刷・製本 (株)光邦

乱丁本・落丁本はお取替え致します。

facebook http://www.facebook.com/asapublishing
twitter http://twitter.com/asapublishing

ISBN978-4-86063-754-5 C0030